W0090094

Heidi Howcroft (Text)
Christa Brand / Nik Barlo jr.
(Fotos)

Brunnen

Reizvolle Wasserspiele
für jeden Garten

S. 1: *„Springbrunnen und Wasser sind gleichsam die Seele des Gartens und ihre vornehmste Zierde, indem sie dieselben, so zu reden beseelen und beleben." Alexandre le Blond, Die Gärtnerey, 1731*

S. 2/3: *Zugleich Gießstelle, Waschplatz für Gartengemüse und Obst, genialer Kühler für Bier und Wein, beliebter Spielort und an heißen Sommertagen Badeplatz für Kinder, besitzen solche Brunnen eine fast magische Anziehungskraft.*

Links: *Die Bandbreite von Wandbrunnenformen ist so groß, dass jede Stil- richtung nach Lust und Laune aufgenommen werden kann. Die bläulichen Fliesen nach islamischer Art geben den Ton an, allein durch Assoziation sind die Wärme, wohltuende Feuchtigkeit und das Plätschern spürbar.*

Inhalt

Wasserkraft und Gartenlust

Wasser fasziniert, begeistert, inspiriert und beruhigt, weckt die ganze gen und Sinnen. Es ist wie kein anderes Element lebensnotwendig die einmalige Qualität von Wasser besser als ein Brunnen, die Spann- pompösen Brunnenanlagen. Zugleich schön und melodisch, lebt der Stille, leuchtend bis dunkel, spielerisch bis schwermütig, von zarten

Die Verwandlung des Brunnens vom unentbehrlichen Gegenstand – früher standortbestimmend für den Siedlungsbau – zum dekorativen Gartenelement in Form von Springbrunnen, Fontänen, Wasser- spielen, Kaskaden, Quellinszenierungen bis hin zu Wasserwänden ist eng verknüpft mit der Geschichte der Gartenkunst und der Wert- schätzung von Wasser.

Die Beispiele der Antike werden oft zitiert, aber es sind die jüngeren, noch erhaltenen Anlagen europäischer historischer Gärten, die uns die kulturhistorische Rolle vom Wasser im Garten vor Augen führen. Während die Italiener in der Renaissance und später die Franzosen im Barock ihre Begeisterung und Faszination für Wasser und ihr meis- terhaftes Wissen über Wasserkraft stolz demonstrierten, indem sie Wasser in Mengen förderten, spritzten und lenkten, um eine Ballung von theatralischen Effekten im Garten zu erzielen, beruft sich der

Palette von Emotionen, Empfindun- und Luxus zugleich. Nichts verkörpert weite reicht vom Hausbrunnen bis zu Brunnen von Kontrasten: Bewegung zu Tönen bis zu donnernden Geräuschen.

spätere englische Landschaftsstil auf einen von der Natur inspirier- ten Umgang: die Schöpfung einer idealen Landschaft, in der alles sei- nen harmonischen Platz hat. Hier waren Fontänen und geometrische Wasserbecken nicht gefragt, dafür aber Teiche, Seen, Bäche und Wasserfälle. So hat jede Epoche ihre eigene Charakteristik, Aus- drucksform und Interpretation vom Wasser im Garten. Obwohl wir aus der Fülle historischer Beispiele schöpfen könnten, ist heute, viel- leicht als Überbleibsel des englischen Einflusses, ein vorsichtiger Umgang mit Zierbrunnen und Wasserspielen im Garten spürbar. Es ist fast so, als ob diese Gegenstände an Stellenwert verloren hätten und damit auch ihren berechtigten Platz im Garten. Mit der Ver- drängung des Kernelements Brunnen ist der Garten selbst ärmer geworden. Es ist höchste Zeit, sich wieder auf seine einzigartigen Qualitäten zu besinnen und ein Plädoyer dafür auszusprechen.

Klassisch, schön, von überzeugender hand- werklicher Qualität: ein Schalenbrunnen aus rotem Trientiner Marmor.

Der Garten steht an erster Stelle bei der Freizeitbeschäftigung – es wird geplant, investiert, genossen und gefeiert –, aber immer wieder werden Chancen zur Zelebration von Wasser verpasst. Während die Reize von pittoresken Tümpeln und Teichen über die letzten Jahren anerkannt wurden und ein regelrechtes Teichbaufieber ausgelöst haben, stehen die für mich wesentlich einsatzfähigeren Brunnen und Wasserspiele im Schatten. Ihre Vorteile liegen eindeutig im geringeren Flächenbedarf und der großen Auswahl an Varianten passend zu jedem Gartentyp, Standort und jeder Gestaltungsrichtung. Die Möglichkeiten und Brunnenarten reichen von rinnenden oder tropfenden Wandbrunnen, emporschießenden Wassersäulen, graziösen Fontänen, naturnahen Sprudelsteinen, klassisch-eleganten Etagenbrunnen bis hin zu Wasservorhängen, begehbaren Wasserbögen und vielem mehr – die Fantasie kann ihren Lauf nehmen. In vielen Situationen liefert ein Brunnen dem Garten die notwendige Belebung und Frische und stellt somit einen ästhetischen und akustischen Mittelpunkt dar.

Trotz jeder Begeisterung für Wasserspiele darf der Ursprung, der einfache Brunnen, nicht in Vergessenheit geraten. Eine Rückbesinnung auf die Rolle des Brauchwasserbrunnens, in Hinblick auf Brauchtum und Denkmalpflege, wie auch die Beibehaltung und Anerkennung von regionalen Brunnentypen und schließlich ihre Zuordnung im Gartenleben sind hier gefragt. Dazu gehören

Gedanken zu einem wirtschaftlichen Umgang mit Wasser: Ideen zu Regenwassersammelstellen und die Integration von Gießstellen in der Gestaltung. Ausführliche technische Hinweise sind im Buch nicht zu finden, hier wird empfohlen, bereits in der Planungsphase den Rat von Fachexperten einzuholen. Eine sorgfältige Planung zahlt sich sogar für den kleinsten Brunnen aus, wie auch die Beachtung von Herstellerhinweisen zur Pflege, Wartung und zum Überwintern.

Die Suche nach guten Beispielen in privaten Gärten war mühsam, obgleich die technischen Voraussetzungen für Brunneninszenierungen nie besser waren; ein Blättern durch die Broschüren der Brunnenbaufirmen bestätigt dies. Dank des Einsatzes der Fotografen Christa Brand und Nik Barlo jr. und der Hinweise von Fachleuten können wir dem Leser Einblick in das Reich von Brunnen im Garten verschaffen. Dabei wird der Mythos entschärft, dass Wasserspiele allein Revier des Großgartens und des großen Etats sind. Ziel ist es, die Lust, die Begeisterung und den Mut für Brunnen im Garten zu unterstützen, die Kraft des Wassers für sich sprechen zu lassen und dadurch den Garten als Aufenthaltsort zu bereichern.

Viele Nutzbrunnen sind längst in die Märchenwelt verbannt; wer das Glück hat, einen Schachtbrunnen zu besitzen, kann ihn durch würdige Behandlung zum Sonderstück erheben.

Ein Stillleben im Garten: Nützlich und ländlich-romantisch zugleich ist die Zapfstelle im Hof.

Brauchwasserbrunnen im Garten

Wasser aus dem Hahn, Strom aus der Steckdose, das ist für uns heute schon über die Herkunft des Trink-, Wasch- und Spülwassers nach, die das Wasser befördern und sammeln. Brunnen sind für viele nur ten, Kunstwerke, die an öffentlichen Plätzen oder in historischen

Ein Brunnen ist aber viel mehr. Besiedelung hat sich um Wasserstellen herum gebildet, der Dorfbrunnen wie auch die Wasserpumpe am Ende der Straße waren Mittelpunkt des Lebens, Schöpfstelle und Treffpunkt zugleich. Manche Brunnen waren in der Mythologie fest verankert und wurden als heilige Orte ausgewiesen.

Abhängig vom Ursprung des Frischwassers kommen unterschiedliche Brunnentypen vor. Nicht nur die Ausbildung der Wasserrohre, aus denen das Wasser fließt, sondern auch der Beckentyp, in dem das Wasser gesammelt wird und schließlich der Wasserfluss selbst, ob es fortwährend oder nur zeitweise rinnt, werden davon bestimmt. Im Gegensatz zu einer natürlich an der Oberfläche vorkommenden Hangquelle, die gefasst und mit natürlicher Kraft abwärts zum Brunnen befördert wird, fließt Wasser aus unterirdischen Grundwasserschichten nur, wenn es hochgepumpt wird. Mit der öffentlichen Versorgung

eine Selbstverständlichkeit. Wer denkt
geschweige denn an die Einrichtungen,
Zierrat, Schmuckstücke für den Gar-
Gärten stehen.

*Der Hausbrunnen vor
der Tür: ein nicht auf-
hörender Zufluss von
kühlem, klarem rinnen-
den Wasser.*

mit Wasser und der damit verbundenen Regulierung von Wasser-
qualität verloren das hauseigene Brunnenwasser und damit auch der
Brunnen selbst an Bedeutung.

Stockbrunnen oder Natursteinträge gehören im Voralpen- und
Alpengebiet zum Inventar jedes Bauernhauses. Nur wenige Schritte
von der Haustür entfernt und in Reichweite des Nutzgartens, sind
diese multifunktionalen Brunnen wichtiger Bestandteil des Wirt-
schaftsgefüges von Haus – Garten – Viehhaltung. Stockbrunnen, aus
einem ausgehöhlten Baumstamm gefertigt, müssen in der Regel nach
etwa 10–15 Jahren erneuert werden, da sie unter ständigem Wasser-
kontakt schnell faulen. Trotz geringer Haltbarkeit sind sie erschwing-
lich und zweckmäßig. Jeder Brunnen ist leicht unterschiedlich, aber
Ablageflächen an beiden Enden, wie auch eingebauter Ablauf und
Holzstöpsel sind Bestandteile, die nicht fehlen dürfen.

Funktion im Vordergrund: Der Brunnentrog im Nutzgarten

Egal wie sie gespeist sind ob in einfachster Form von Niederschlagswasser, zugeleitet über herauskragende Dachrinnen, von einer natürlich vorkommenden Quelle oder über eine moderne, regulierbare Frischwasserleitung – steht der Zweck und nicht die Dekoration des Nutzbrunnens im Vordergrund.

Ganz im Gegensatz zum handwerklich wunderschön gearbeiteten Dorfbrunnen (▲) sind die Nutzgartenbrunnen beinahe unauffällig. Der Trog und der Zufluss sind selbstverständlich und bescheiden, ganz im Einklang zu ihrem Stellenwert im Garten (◄). Die Auswahl des Troges richtet sich nach der regional vorkommenden Art ebenso wie nach seiner Eignung als Wasserbehälter. Manche Materialien scheiden sofort aus, andere, wie Granit, sind zum Klassiker geworden. Sie fügen sich hervorragend im Garten ein, ob sie nun wie dieser runde Sandsteintrog mittig im Nutzgarten zwischen den buchsbaumgerahmten Beeten platziert oder bescheiden am Rand des Gartens aufgestellt sind.

Holzfässer und Bottiche nehmen den ländlichen Stil auf und sind eine kostengünstige, wenn auch kurzlebige Alternative zu Natursteinbehältern (▶).

Ein Brunnen
in der Landschaft

So reizvoll wie der ländliche Stil auch sein mag, er ist nicht für jede Stelle passend. Einen eindeutigen Nutzbrunnentyp in einen Landschaftsgarten zu integrieren, ohne dass er unpassend wirkt, ist schwierig. Der Schlüssel zum Erfolg liegt in der Platzierung und der Beibehaltung, wenn auch in leicht abgewandelter Form, von Kernelementen der Brunnensprache: das schlichte Wasserrohr, der massive Natursteinbrunnentrog, der vorgelagerte Brunnenplatz, vor allem der freistehende Aspekt. Das Ergebnis ist gewagt und gelungen (▲).

Nicht auf den ersten Blick erkennbar ist der Brunnen Teil einer Bachanlage, die sich in den Garten streckt. Statt ein wichtiges, aber gestalterisch unbedeutendes Teil zu sein, wurde der Überlauf bewusst gestaltet (◄). Über der Schwelle an der Vorderkante des Brunnentrograndes purzelt das Wasser wie ein kleiner Wasserfall in eine tiefer liegende Rinne, der Anfang des Baches.

Aus der Ferne wirkt der Natursteintrog mit den begleitenden Natursteinsäulen dominant (▶). Erst aus der Nähe werden die Details – der Frosch balanciert am Ende des Wasserrohrs – und die Bearbeitung der Steinoberfläche sichtbar.

Das Urbild eines Pumpbrunnens im Garten, schafft eine ländliche Gartenidylle wie aus dem Bilderbuch.

Alle Wege führen
zum Pumpbrunnen

Als Kind war ich vom Pumpbrunnen meiner Großtante fasziniert: In Laubgrün gestrichen stand die gusseiserne Pumpe wie ein Wächter am Rande der Kiesstraße, nicht im Garten, aber eindeutig zum Grundstück gehörig. Heute sind Pumpbrunnen zur Seltenheit geworden, zu finden viel eher im Antiquitätenladen, wo ein reger Handel mit antiken Stücken oder Repliken stattfindet, als im Garten.

Allzu oft ist eine Pumpe Anlass für eine verniedlichende Komposition, aber mit einer umsichtigen Planung kann eine zeitgenössische Raumsituation geschaffen werden (▲). Beckenform und Pflasterung komplettieren einander und bilden einen beispielhaften Sitz- und Empfangsplatz (◄).

Die Pumpe tritt dabei in den Hintergrund und übergibt die Führungsrolle dem Becken, das in diesem Fall mehr als ein zweckmäßiger Behälter ist. Mit Seerosen geschmückt und vom Licht angestrahlt, lädt es zum Verweilen ein.

Wer Glück hat, eine Brunnenpumpe im Garten zu entdecken (►), kann dies zu seinem Vorteil nutzen. Auch wenn sie nur als Zierde dient, ist sie stets in Bezug zum Haus und Garten als Teil eines Stilllebens zu sehen, bei dem Gießkannen eine wichtige Zutat sind.

Pumpbrunnen haben eine starke Präsenz, als Zeugen aus früheren Zeiten gehören sie mit großem Geschick in den Garten eingebunden. Das fließende Wasser selbst ist nicht erlebbar, dafür aber der Gegenstand.

Schöpfbrunnen und Regenwasserbehälter

Spätestens bei der ersten alljährlichen Tockenzeit werden wir an die dann, wenn Wasser zu knapp für das Autowaschen und Gartengießen zum wirtschaftlichen Umgang mit Niederschlagswasser ein. Im Schrelängst erkannt, blaue Plastiktonnen verzieren die sonst grüne Gartenpraktische Weise.

Auch wenn der ästhetische Beitrag solcher Behälter zu wünschen übrig lässt, erfüllen sie ihre Funktion und geben Impulse für weitere Vorschläge. Obwohl solche Behälter streng genommen der Definition eines Brunnens als „technische Anlage zur Gewinnung von Grundwasser" nicht entsprechen, gehören sie im weiteren Sinne zur Brunnenfamilie, da sie inzwischen ein nützlicher Bestandteil vieler Gärten sind und einen wichtigen Beitrag zum Wasserhaushalt liefern können.

Allein das Niederschlagswasser, das während eines Regenschauers auf ein Hausdach fällt, reicht aus, um einen mittleren Garten einige Tage mit Gießwasser zu versorgen. Aus der Not kann eine Tugend werden, der nützliche Behälter entwickelt sich, wenn er voll ist, zum Spontanbrunnen. Ein Überlauf – hier muss es nicht ein aufwändiger Wasserspeier sein, ein einfaches Rohr genügt – auf der Höhe des

Kostbarkeit von Wasser erinnert. Erst ist, fallen uns Ideen zum Sammeln und bergarten ist der Wert des Wassers landschaft auf ungewöhnliche, aber

Wassersammelstellen im Garten, auch wenn sie klein sind wie dieser Natursteintrog, bereichern den Garten im weitesten Sinn.

maximalen Wasserspiegels entsorgt überflüssiges Wasser. Wichtig dabei ist es, einen entsprechenden Ablauf, etwa einen Gully oder ein Kieslager, um das Wasser sicher weiter zu befördern, vorzusehen. Solche Maßnahmen entsprechen der Anforderung, das Oberflächenwasser nicht mit dem Schmutzwasser zu entsorgen, sondern wieder ins Grundwasser zurückzuleiten.

Neben den bereits erwähnten Plastiktonnen (unsere ist eine mittelgroße dunkelgrüne 200-Liter-Version, die irgendwie zum denkmalgeschützten Haus passt) sind Natursteintröge, Holzfässer, Metallgefäße, beispielsweise Bleitröge in allen Größen und in einer Auswahl an Formen erhältlich. Was gewählt wird, hängt vom Haustyp, vom Kostenfaktor, vom persönlichen Geschmack und schließlich von der Frostsicherheit des Behälters ab. Daher ist von der Verwendung keramischer Gefäße wie weicher Gesteinsarten abzuraten.

Sammeln und Spontan-brunnen: Wasserrecycling im Garten

Regenwassersammelbecken können beliebig im Garten aufgestellt werden. Bei größeren und vor allem tiefen Trögen sind unbedingt kindergerechte Sicherheitsvorkehrungen, wie etwa ein Metallgitter, zu treffen, um Unfälle zu vermeiden.

Oft ist die einfachste Lösung die beste (▲). Die Regenwasserrinne führt in ein halbes Holzfass, aus dem das Wasser problemlos geschöpft werden kann. Ist das Fass voll, läuft es über: Dabei ist der Abstand zur Hauswand zu berücksichtigen, ein sickerfähiger Untergrund wie auch Gefälle, weg vom Gebäude, sind vorzusehen. Jede Wannenform wäre denkbar, solange sie wasserdicht und frostsicher ist.

Manche Lösungen sind einfach großartig, Zweck, Kunst und Heiterkeit sind in diesem Spontanbrunnen vereint (◀). Eine witzige Umsetzung, die trotzdem das Wasser funktionsgerecht von der Hausmauer fern hält.

Der Behälter kann Ausgangspunkt für eine besondere Komposition sein: hier mit Froschkönig verziert, bildet er ein wiederkehrendes Motiv in vielen Gärten (▶). Regelmäßiges Entleeren und Säubern vermeidet die Entstehung von Fäulnis und die Eroberung durch Schnecken und Mücken.

Ein Schöpfbrunnen am Sitzplatz
bringt Wasser in spürbare Nähe.

Glanz und Ästhetik: Wasser, das über Ketten rinnt, gehört zum schönsten Regenerlebnis.

Wandbrunnen

Von allen Brunnenformen hat keine so viele Variationen wie der
führung rustikal oder edel, pompös oder bescheiden, ein Kunstwerk
sich um den Wasserstrahl, wie er hervortritt und wo er fällt. Dabei
handelt, das die unmittelbare Umgebung, ob Garten oder Hof, berei-
der Wandbrunnen zu einer Oase der Beschaulichkeit um.

Wie die Komponenten Wasserspender, Fangbecken, Rückwand und
begleitende Pflanzen zusammengesetzt werden, hängt vom gewählten Gartenstil, der Architektur des Hauses und der unmittelbaren
Umgebung, der zur Verfügung stehenden Fläche und selbstverständlich der Mauer selbst ab.
Ein breites Spektrum an Stilrichtungen, passend zu jeder Situation,
steht zur Auswahl, von einer romantischen Wandgrotte, ausgelegt
mit Muscheln und Kieselsteinen, bis hin zu einer naturalistischen
Inszenierung aus Tuffstein, bewachsen mit Moosen, über dem
Wasser langsam tröpfelt. Auch neoklassische Wandbrunnen, verziert
mit Figuren aus der Mythologie, Nischen, versteckt hinter Efeu-
vorhängen mit Etagen, über die das Wasser von Schale zu Schale ins
darunter liegende Becken leise rieselt und ebenso moderne Lösungen gehören zu den Möglichkeiten.

Wandbrunnen, er kann je nach Aus- oder Nutzgegenstand sein. Alles dreht wird das Wasser als kostbares Gut be- chert. Den kleinen Innenhof wandelt

Die Standorte für einen Wandbrunnen sind vielfältig: im Eingangs- bereich als willkommene Begrüßung, an der Terrasse als erfrischen- de Begleitung, eingebaut in Stützmauern und Gartentreppen und zur Verschönerung einer sonst hässlichen Brandmauer. Neben Neu- schöpfungen, wie eigens beauftragte Kunstwerke, Kleinserien des Kunsthandwerks, werden auch antike Wandbrunnen oder Brunnen- teile über den Kunsthandel, Auktionshäuser und spezialisierte Gar- tenantiquitätenhändler angeboten. Repliken, Nachahmungen unter anderem aus Naturstein, Beton, Gusseisen und Bronze erweitern das Angebot. Eine wunderschöne Maske kann den Anstoß geben, einen Wandbrunnen bauen zu lassen. Materialmischungen sind durchaus denkbar, solange die Stilrichtung eingehalten und die technischen Voraussetzungen beachtet werden.

Nischen lassen sich her- vorragend in bezaubern- de Wandbrunnen ver- wandeln. Mit Tuffstein, Muscheln und Kiesel- steinen ausgelegt, dazu ein Fischspeier und die passende, waschbecken- große Marmorschale, ist die Grotte komplett.

Spuckende Knaben- und Löwenköpfe, Delfine, Fische und vieles mehr gehören zum Inventar des Wandbrunnens, spielerisch heitere Teile, die den Ernst des Alltags vergessen machen.

Neues Leben
für ein altes Lieblingsstück

Der bürgerliche Wandbrunnen war Bestandteil vieler Villen. Oft nur eine vereinfachte Nachahmung bekannter klassischer Brunnen, fungiert er als schmückendes Bindeglied zwischen Haus und Garten. Im Verlauf der Zeit verschwanden viele dieser Brunnen, wurden entweder vom Bewuchs verdeckt oder im Zuge der Renovierung mit dem Bauschutt entsorgt. Ein Gang über den Bauhof mancher Steinmetze und Baubetriebe kann interessante Fundstücke zu Tage bringen, die, wenn sie hergerichtet und schön platziert sind, ein neues Leben erhalten.

Solche Köpfe gehörten zum Arbeitsrepertoire der Steinbildhauer (▲), sie sind einfach, aber ausdrucksvoll mit einem leicht frechem Einschlag: die Augen scheinen dem Betrachter überallhin zu folgen.

Einfach und bescheiden, genau im Maßstab auf den Ort abgestimmt, steht der Brunnen etwas abgehoben vom Bodenbelag. Die pflanzliche Begleitung eines Wandbrunnens sollte sich ihm gleichfalls anpassen und eher zurückhaltend als dominant die Wirkung und Stimmung unterstreichen. Hier krönt Immergrünes Geißblatt den Bogen, während Oleander, Hochstammrosen und Kirschlorbeer das italienische Ambiente unterstreichen (◄ und ►).

Die Suche nach der Moderne: ein zeit-genössischer Wandbrunnen

Unter den vielen Wandbrunnen erfüllen wenige die Anforderungen nach einer reduzierten, funktionsgerechten modernen Form. In der Regel nur als Sonderanfertigung oder Unikat erhältlich, liegen sie in einer Preisklasse außerhalb des Etats vieler potenzieller Brunnenbesitzer.

Modern, schlicht und auf das Zweckmäßige beschränkt, hat dieser Wandbrunnen seine eigene Ausstrahlung, fügt sich aber gleichermaßen in das Gesamtbild ein (▲). Ausschlaggebend ist die Ausgewogenheit in der Gestaltung wie die Schaffung eines Ambientes, das zum Haus, Garten und Besitzer passt.

Der Blick auf den Brunnen ist nicht verstellt, sondern zwischen Topfpflanzen gefiltert und gerahmt (◀). Passgenau in der Nische platziert, wurde die Sprache eines offenen Kamins übernommen und somit ein Zimmer im Freien angedeutet. Komplettbrunnen dieser Art sind einfach zu installieren, die Umlaufpumpe sitzt im Becken, die einzige Anforderung ist eine Außensteckdose.

Der glänzend weiße Wasserstrahl hebt sich vor der matt silbergrauen Metallwand und stumpfen kahlen Mauer ab, der Effekt wird gesteigert vom Schatten der filigranen Japanischen Ahornblätter (▶).

Klassisch und zeitlos: eine Löwenmaske aus Naturstein, eingesetzt in die Stützmauer.

Wasserspeier
und Wasserspucker

Dort, wo das Wasser herausprudelt, rinnt oder tröpfelt, wird die Gelegenheit, etwas Besonderes zu gestalten, stets wahrgenommen, auch wenn der restliche Brunnen schlicht, einfach und nüchtern gehalten ist. Gerade bei Wandbrunnen sind die Einfälle für Wasserspender vielfältig, von den klassischen einzelnen Rohren zu aufgereihten oder gestaffelten, schlitzartigen Öffnungen und seitlich hervorschießenden Wasserstrahlen. Von spielerisch, ausgeprägt, skurril, gelegentlich auch kindisch gibt es alle möglichen Variationen.

Das Vokabular von Speierarten kennt keine Grenzen: Fantasiegeschöpfe wie Drachen, Greife oder sonstige Fabeltiere, Wasserwesen (▲). Fische und Delfine gibt es entweder als geschmiedete Unikate oder aus gußeisernen Fertigteilen, die nach Katalog ausgesucht werden.

Hier wird das einfache Rohr zum Mittelpunkt, verziert und gerahmt, sodass alle Blicke dort hingezogen werden (◄).

Masken, Löwen- oder Stierköpfe, Sonne und Mond, mythologische Figuren wie Midas-, Medusa- und Hydraköpfe, Geschöpfe aus Naturstein, Bronze oder wie hier aus Keramik zelebrieren den Fluss des Wassers (►).

Fontäne und Wasserspiele

Nichts verkörpert den Zauber von Wasser besser als eine Fontäne: Wassersäulen, den graziösen silbrigen Wasserfäden bis hin zu Ge- und Skulptur sich gegenseitig ergänzen und schmücken, ist die Varia- Komposition mit Wasserstrahlen unterschiedlichster Stärke und Höhe Gartenraum mit Lichtblitzen, Sprühnebel und Wohlklang erfüllt, eine

Betrachtet man den technischen Aufwand der historischen Fontänenanlagen und die ästhetische Wirkung, kann man die Leistungen der Wassermeister des Barock nur bewundern. Inspiriert von den Wasserspielen der Renaissancegärten (u. a. Villa d'Este bei Rom), übertrafen sich die Gartenanlagen gegenseitig im Spiel mit dem flüssigen Element: Inszenierungen im Garten mit Wasser in all seinen Formen standen im Mittelpunkt. Mit dem Aufbruch der „neuen" englischen Landschaftsgärten des 19. Jahrhunderts trat ein entscheidender Wechsel im Umgang mit Wasser ein. Künstliche aufwändige Wasserspiele waren nicht gefragt, die Mode und somit die Kunst der Gestaltung mit Fontänen war vorerst vorbei.

Eine Fontäne im Garten zu haben, ist etwas Besonderes, ein Kunstgriff, an den nicht jeder sofort denkt. Wasserstrahlen können zur Aufwertung des Gartens führen: als Lichtquelle, als Blickpunkt, als

von den imposanten hochschießenden
samtkunstwerken, in denen Wasser
tion an Fontänenformen enorm. Eine
gleicht einem Feuerwerk, das den
atemberaubende, faszinierende Schau.

*Die Kunst des Umgangs
mit Fontänen liegt im
Einsatz von unter-
schiedlichen Wasser-
strahlen.*

Luftbefeuchter, als Geräuschkulisse und als Lärmschutz. Für viele
dunkle, schattige, scheinbar uninteressante Bereiche bietet ein silbri-
ger Wasserpfeil die beste Möglichkeit, Leben in den Garten zu bringen. Lang gestreckte Gärten erhalten durch das Einbeziehen solch
eines klassischen Gestaltungselements, wie eines Springbrunnens
einen willkommenen und notwendigen Mittelpunkt.

Die Platzierung einer Fontäne im Garten ist an bewährte gestalteri-
sche Grundregeln gebunden, Leitlinien, die zu einem harmonischen
Ganzen führen. An erster Stelle diktiert der gewählte Wasserstrahl
den Beckentyp und seinen Standort im Garten. Grundsätzlich ist
zwischen senkrecht in die Höhe spritzenden Fontänen und fallenden
Arten, wie Wasserglocken, zu unterscheiden. Während die hohen
Formen als Blickpunkt und Signal auch aus der Ferne fungieren,
wirken die niedrigen am besten aus der Nähe, etwa von einem

Sitzplatz oder einer Terrasse aus. Egal welcher Typus gewählt wird, der Wasserstrahl muss gut sichtbar sein und nicht in den Hintergrund verfließen. Dunkle, matte, neutrale Kulissen, beispielsweise eine Eibenhecke oder efeuberankte Mauern sind günstig. Ebenso ist eine Überfrachtung mit Gegenständen und kleinteiliger Pflanzung um die Fontäne zu vermeiden, denn dies lenkt vom eigentlichen Ereignis ab und entwertet die Wirkung.

Ein wichtiger gestalterischer wie auch technischer Gesichtspunkt ist die Beckengröße und Form. Sie muss im Einklang und in Proportion zum Fontänentyp stehen. Der Durchmesser wird von Anzahl und Höhe der Wasserstrahlen bestimmt, in der Regel gilt: die Höhe des höchsten Strahls ist gleich Beckendurchmesser, wobei die Windstärke eine Rolle spielt (siehe auch Seite 84 f.).

Fontänen und naturnahe Teiche stehen im Widerspruch zueinander, allzu oft wirkt ein senkrechter Wasserstrahl zwischen Bewuchs als eindeutiger Fremdkörper. Fontänen passen eher in ein architektonisch gestaltetes Umfeld, in dem alles auf sprühendes, spritzendes Wasser abgestimmt ist. Auch Schaumsprudler und Geysire sind mit Vorsicht und einem Blick auf ihr natürliches Umfeld in die Anlage zu integrieren. Dank des technischen Fortschritts müssen wir nicht wie Ludwig XIV. von Frankreich eine eigene Wasserkraftanlage bauen, um unsere Gartenfontänen zu betreiben. Gartencenter und Baumärkte bieten anschlussfertige Springbrunnensets, manche sogar solarbetriebene Sets komplett mit Pumpe, Leitungen und oft einer Auswahl von Düsen, das Ganze bedienerfreundlich aufbereitet.

Die erforderlichen Wassermengen und Leitungsdurchmesser sind in Tabellen festgehalten. Während die Strahlhöhe von der Stärke der Pumpe und der beförderten Wassermenge bestimmt wird, hängt der Strahlentyp von der Anzahl und Verteilung der Öffnung im Düsenkopf ab: Denken Sie einmal an den Strahl aus einem Wasserschlauch oder an das feine Rieseln aus der Rose einer Gießkanne. Vorausgesetzt, dass die Rahmenbedingungen stimmen und die Herstellerhinweise zu Sicherheitsmaßnahmen und Wartung beachtet werden, steht dem Traum einer Fontäne nichts mehr im Wege. Wer aufwändige Anlagen wünscht, dem sei geraten, einen Fachmann mit der Planung und Durchführung zu beauftragen. Historische Gärten und städtische Brunnenanlagen sind nicht die einzige Inspirationsquelle für Gartenfontänen. Zunehmend mehr Gartenbücher behandeln das Thema, ein Beweis, dass Gartenfontänen wieder im Vormarsch sind.

Sich überkreuzende, bogenförmige Fontänen passen zum lockeren Charakter des Gartens.

Wasserspucker am Sitzplatz: heiter, unterhaltsam, erfrischend und ebenso individuell wie der Garten selbst.

Klassisch und wirkungsvoll:
der einfache Fontänenstrahl

Von allen Fontänentypen ist der klassische, hochschießende Wasserstrahl am einsatzfähigsten im Garten. Ob senkrecht oder gebogen, solitär, in Reihen oder informell angeordnet, sind die Variationen so vielseitig, dass fast jeder Gartenstil seine eigene Ausdrucksform hat.

Wie ein weißer Draht lockt der einzelne feine, zarte Strahl den Blick im Garten an (▲). Bereits aus der Ferne sichtbar, scheint der kleine Garten durch den gekonnten Einsatz der Fontäne am Ende einer lang gestreckten Rinne wesentlich größer zu sein.

Die Solitärfontäne lebt vom Kontrast: Der grüne Hintergrund lässt den Wasserstrahl noch heller und stärker erscheinen, das Fallwasser verwandelt sich in einen feinen silbrigen Kranz gegen das dunkle Wasser und das fast im Bild spürbare konstante Trommeln des Spritzwassers im sonst ruhigen Garten steigert den Effekt (◄).

Durch die Fontäne wird Wasser auch an der oberen Terrasse erlebbar, so profitieren beide Aufenthaltsbereiche Terrasse wie auch unterer Sitzplatz vom kühlenden Effekt und der optischen wie akustischen Bereicherung einer Fontäne (►).

Stimmungsvolle Schaumsprudler

Wulstartige, schaumige Wassermassen, so genannte Schaumsprudler, lassen sich gut in Wasserflächen und als Hauptattraktion zwischen Steinen anordnen. In höheren Formen auch Geysir genannt, ist jede Höhenstaffelung von 15 bis 60 cm möglich.

Zwischen und aus Steinen wird die Kraft des Schaumsprudlers deutlich (▲). Naturstein und Wasser gehören zusammen, karg und stark, schimmernd und kühl, ergänzt eine Materie die andere. Neben der Ästhetik ist die Akustik nicht zu vergessen, ein ständiges Signal, das zum Brunnen führt.

Im geschützten Atriumgarten ist das Geräusch überall hörbar. Mittig im Gartenraum, begleitet nur durch einzelne Stauden und Gräser, flankiert durch einen Bambus und umrahmt durch flache Kieselsteine, ist die kleine Fontäne ein ruhender Pol (◄).

Ein Ort zum Besinnen und Erholen – das sprudelnde Wasser fesselt den Blick zur näheren Betrachtung. Aber auch wenn der Schaumsprudler im Winter stillgelegt ist, hat die Komposition einen Reiz und eine Beständigkeit, das Zeichen einer gelungenen Anlage (▶).

Wasserglocken und Kugeln

Niedrige waagrechte Fontänen gehören aus der Nähe betrachtet. Hier steht nicht die Wassermenge, sondern ihre Verteilung im Vorfeld, ein künstlerischer Umgang mit Wasser, um scheinbar durchsichtige Gestalten zu formen. Spezielle Düsen ermöglichen die Täuschung, indem sich Wasserglocken oder Halbkugeln magisch aus dem Wasser in 50–70 cm Höhe emporheben. Das Becken, in dem die Pumpe angebracht ist, muss nur wenige Zentimeter breiter als die Wasserglocke sein. Für besondere Effekte lassen sich mehrere, am besten eine ungerade Zahl von Glocken wie Pilze in große runde oder ovale Becken stellen (▲).

Wer wenig Platz hat, aber trotzdem eine Kugelwirkung erleben möchte, kann in massiver Version eine Natursteinkugel mit „Blubberfontäne" als eine Art kleinen Schaumsprudler installieren (◄).

Ungewöhnlich, aber faszinierend: ein Blumenstrauß unter einer Wasserglocke. Calyx, auch Blumencalyx genannt, sind weitere Formen der Wasserglocke (▶). Andere niedrige Formen, die sich für kleine Flächen gut eignen, sind Lavadüsen, 20–60 cm hoch, sie bilden aus der Mitte schräg nach außen fallende Rundstrahlen wie konische Blüten.

Fontänen mit Flair

Mehrfach übermannshohe Strahlen sind atemberaubend. (▲) Sie füllen die Luft mit feinstem Sprühnebel, jede einzelne Wasserperle ist ein Lichtfänger, zusammen bilden sie eine Kaskade nicht endender, leichter weißer Flecken.

Wasserpyramiden, auch Vulkane genannt, muss man von allen Seiten betrachten (◄). Mehrere, je nach Düsenkopf 17 bis 43 Wasserstrahlen, schießen gebündelt aus der Düse, die mittigen Strahlen sind begleitet von immer niedriger werdenden Wasserstrahlen, fallend auf 2 bis 4 Etagen von 40 bis 60 cm Höhe.

Wie bei einem Gemälde gehört der Blick auf solch eine Fontäne gerahmt, hier nach italienischer Art mit immergrünen hohen Heckenpflanzen (►). Die Brillanz des Wassers wird im Sonnenschein noch weiter gesteigert durch Regenbögen, die sich im Wasserwirbel fangen. Ob freistehend wie hier oder im Becken, ist die Reichweite des Spritzwassers zu bedenken. Weitere Variationen sind Pirouetten, auch Spiralfontänen genannt, in der Regel sieben sich drehende Wasserstrahlen von 140–370 cm Höhe und Fächerstrahlen, breit strahlendes, seitlich aus der Höhe herabfallendes Wasser.

Gegen den fast schwarzen, wolkenbeladenen Himmel sticht die Fontäne hervor.

Brunnenkunst:
Akzente im Garten

Im Vergleich zu seinem bescheidenen Verwandten, dem Nutzbrunnen,
stand. Seine Funktion gilt der Verschönerung, Dekoration und Freude:
auszuführen, eine Aufgabe, die künstlerische und handwerkliche Fähig-
ständnis für Material, Wasser und Situation verlangt. Viel mehr als
brunnen seit Beginn der Gartengeschichte zur Vervollkommnung des

Vielfach belegt durch Abbildungen der Antike, wie auch des 16. und
17. Jahrhunderts als Schalenbrunnen mit oder ohne figürliche Ver-
zierung, stand der Brunnen in der Achse des Gartens, aus der Ferne
und in der Nähe zu bewundern. Als Gartenkunst und Statussymbol
zugleich verkörpert er Interesse am Kulturellen, dem Künstlerischen
und den schönen Seiten des Lebens. Kleinausführungen, Abwand-
lungen bekannter großartiger Brunnenanlagen und eigene Entwürfe
wurden früher vom ortsansässigen Steinmetz oder Steinbildhauer
ausgeführt. Leider ist heute die Nachfrage für Sonderanfertigungen
gering, für viele Steinmetze bietet das Meisterstück die einzige
Chance, einen Gartenbrunnen auszuführen. Und das, obwohl die
Verwandlung eines klobigen Steinquaders in eine ausdrucksvolle
Gestalt zur Hochleistung der Kunst und des Handwerks gehört, die
durch Beigabe von Wasser noch gesteigert wird.

ist der Zierbrunnen ein Luxusgegen-
eine Gelegenheit, etwas Besonderes
keiten erfordert und ebenso Ver-
ein pures Kunstwerk, gehört der Zier-
idealen Gartenbildes.

Auch Zierbrunnen aus gegossenem oder geschmiedetem Metall
sind bei der Auswahl eines Brunnens in Erwägung zu ziehen. Vom
klassischen Löwenkopf zu modernen Formen, wie minimalistischen
Edelstahlrohren, bis hin zu flachen, reflektierenden Bronzeschalen,
ist alles denkbar. Inzwischen ist ein sehr interessantes und umfang-
reiches Angebot an handwerklichen und künstlerischen Unikaten,
Kleinserien, antiken Brunnen, historischen Nachahmungen und
Fertigbrunnen unterschiedlicher Qualitäten erhältlich.
Egal welche Art von Zierbrunnen gewählt wird, er braucht den entsprechenden Rahmen. Standfläche, Hintergrund und begleitende
Elemente gehören genau aufeinander abgestimmt. Gerade im Garten muss der Brunnen dort platziert werden, wo man ihn genießen
kann, sichtbar vom Fenster, spürbar und hörbar von der Terrasse
oder vom Sitzplatz aus.

*Eine Steinmetzarbeit im
Detail: die Verwandlung
eines Nutzobjekts in
einen Ziergegenstand,
ein Sandsteinmühlstein
mit bearbeiteter Ober-
fläche.*

Zierbrunnen und Brunnenplastiken müssen im Einklang mit dem Gartentyp sein. Die edle, ruhige, aber aussagekräftige Kombination von Wasser, Stein und Grün bringt die Qualitäten der einzelnen Komponenten zum Vorschein.

Bewegung
und Dynamik

Dass der Garten und der Brunnentyp in enger Verbindung zueinander stehen, dürfte eindeutig sein. Einen Zierbrunnen oder gar eine Brunnenplastik für einen naturnahen Garten zu entwerfen, ohne dass das Ergebnis kitschig, plump oder deplatziert wirkt und ohne auf die einfachste Lösung – den Sprudelstein – zurückzugreifen, ist eine Herausforderung.

Die Arbeit des Bildhauers Christian Tobin kombiniert das Besondere mit dem Natürlichen (▲). Bewegung und Dynamik spritzen buchstäblich aus der Urgesteinsäule, ein überraschender, ungewöhnlich faszinierender, waagrechter und senkrechter gegen das Naturell verströmter Wasserfluß.

Wie zufällig schießen Wasserfontänen aus den Ritzen (◄). Durch Wasserantrieb drehen sich die Teile, der mittlere Teil schneller und in der Gegenrichtung zum oberen. Ein Bruchteil eines millimeterhohen Wasserkissens lässt die Teile schweben und pendeln.

Fast wie ein Zeuge früherer Zeiten verkörpert die Steinsäule die Ausstrahlung und Mystik einer Steinstele (►). Das Geräusch des fallenden Wassers ist spürbar. Die weiche, lockere Bepflanzung kaschiert das Ufer und bildet den notwendigen Übergang zum Boden.

Ganzjährige Zierde –
eine Frage der Form

Ohne Frage ist die zeitlich begrenzte Nutzung eines Zierbrunnens für viele ein Nachteil. Das Winterbild, ein brachliegender, holzverschalter Zierbrunnen, ist kein freundlicher Anblick. Gerade deshalb sollten Lösungen angestrebt werden, die auch im wasserlosen Zustand (bei Beachtung der technischen Gesichtspunkte: Verwendung von frostsicherem Material, das Wasser ausgeleert und abgestellt, die Pumpe herstellergerecht gelagert) eine Ästhetik besitzen. Unter den vielen Möglichkeiten bieten sich frei stehende Brunnenplastiken ohne sichtbare Becken an, eine Skulptur entweder als Interpretation vegetativer Formen wie hier; figürliche Arbeiten oder abstrakte Formen in der Art von Barbara Hepworth können in der richtigen Umgebung eine Bereicherung darstellen.

Das Wasser rinnt aus dem leicht ausgehöhlten Becken zwischen den „Blättern" entlang (▲). Strahlhöhe und Menge sind genau abgestimmt: eine wichtige Voraussetzung für die Optik, denn zu hohes und zu viel Wasser erscheint unglaubwürdig (◄).

Die 80 Zentimeter hohe umgedrehte Artischocke (oder der Pinienzapfen) aus rumänischem Travertin wächst aus einem Kieselsteinbett, das das darunter liegende Wasserbecken und die Umwälzpumpe kaschiert (►).

Klang und Kinetik

Spielerische Lösungen, Kombinationen von ausgefallenen Ideen und der Einsatz der natürlichen Kraft des Wassers sind immer wieder im Garten anzutreffen. Leichter und schmiegsamer als Naturstein ist Metall, insbesondere sind Bronze und Stahl ideal für bewegliche Strukturen (▲). Wenn die schmiedeeisernen Eimer des Kippbrunnens voll sind, leeren sie ihren Inhalt mit einem Guss ins Becken, ein Vorgang, der sich in ausgeklügelter Form über mehrere Ebenen fortsetzen könnte, um einen schönen Kaskadeneffekt zu erzielen.

Variationen mit Grundformen, Kuben zu Kugeln, Zylinder zu Pyramiden gehören zu den Grundübungen der bildenden Künste – starke Formen, die sich hier gut mit dem üppigen Grün des Gartens ergänzen (◄).

Die minimale Quantität Wasser einzusetzen für eine maximale optische und akustische Wirkung, ist das Ziel vieler Arbeiten (►). Silbrige Wasserfäden verbinden die Ebenen dieses Akustikbrunnens. Durch geschickte Lenkung des Fallwassers und bedachte Gestaltung der auftreffenden Flächen werden unterschiedliche Töne hervorgebracht, die dadurch erzeugte Geräuschkulisse ist eine wahre Bereicherung für den Garten.

Wasserfälle und Sprudelsteine – Wasserspiele, von der Natur inspiriert

Naturphänomene faszinieren, wer wünscht sich nicht, einmal im die Geysire von Island aus der Nähe zu spüren. Aber auch kleine che Sprudeln einer Hangquelle, das Rauschen und Purzeln eines Berg- von Steinen und die hypnotisierenden Wellenbewegungen – das Ab- Wasser für einen Bruchteil einer Sekunde steht – fesseln den Betrach-

Wer die volle Kraft des Ozeans am Felsen, die gewaltigen Natur- fontänen – hochgepresst durch Erosionslöcher – erlebt hat, vergisst den Anblick nie. Wilde Natur in den Garten zu verpflanzen, Land- schaften widerzuspiegeln und damit Begeisterung und Verehrung da- für auszusprechen, ist das Kernelement der jahrhundertealten chine- sischen Gartenkunst, des englischen Landschaftsgartens und der zeitgenössischen naturnahen Gärten. Sprudel- und Quellsteine, Wasserfälle, Katarakte, Kaskaden und Wassertreppen, alle Formen von fallendem Wasser lassen sich gut im Garten nachahmen. Wie bei einem Bühnenbild spielen die Gestaltung der Umgebung wie auch die Details eine Rolle, um die Inszenierung glaubwürdig und optisch befriedigend zu machen.

Egal welcher Typus gewählt wird – es kann durchaus eine Kombina- tion sein –, es gilt die Maxime, sich von der Natur leiten zu lassen.

Leben die Niagarafälle zu erleben und
Wunder, wie das anscheinend plötzli-
baches über und zwischen hunderten
warten des Kippmoments, in dem das
ter.

*Künstlich, aber trotz-
dem glaubwürdig. Das
Wasser sprudelt, fließt
und staut sich über dem
sorgfältig ausgesuchten
Innfindling.*

Dazu gehört eine genaue Beobachtung, angefangen bei der Stärke
des Wasserflusses, der Struktur und Form (kantig oder gerundet) des
begleitenden Natursteins und der Art und Entfernung der Bepflanzung. Wichtig ist vor allem die Beibehaltung der Proportionen:
Kleine, verniedlichte Ausführungen, in denen der Betrachter sich wie
ein Riese vorkommt, erzeugen ein Gefühl des Unbehagens. Genauso
führt ein überdimensioniert gestalteter Sprudel eines Quellbrunnens
nicht zur gewünschten Qualität. Im Gegensatz zu den Nutz- und
Zierbrunnen sind diese Natur-Wasserspiele weder in unmittelbarer
Hausnähe, noch mittig im Garten zu platzieren. Der Überraschungs-
moment, das plötzliche Entdecken, das Leiten durch Geräusche,
gehört zum Gesamteffekt. Vor allem schattige und benachteiligte
Plätze erhalten eine Aufwertung, denn fließendes Wasser bringt
Licht und Leben.

Ein Wasserspiel auf natürliche Art. Wasserfälle und Wassertreppen sind hervorragende Mittel, um Höhenunterschiede auszunutzen. Dabei sind die Steine und die Bepflanzung genau aufeinander abzustimmen.

Wasserfälle
und Wasserwände

Wirkungsvoll und trotzdem Platz sparend, werden Wasserfälle vermehrt im Garten eingesetzt. Vom einzelnen Strahl bis zur stürzenden, rauschenden Wasserwand kann der richtige Wasserfall einen lauschigen Hausgarten ebenso bereichern wie einen benachteiligten, winzig geschnittenen Stadtgarten.

Die Qualitäten eines Wasserfalls oder einer Wasserwand stehen im Vordergrund und nicht die Schaffung von enormen Fallhöhen, ein guter Richtwert liegt zwischen 60 bis 120 cm; das Spritzwasser beeinträchtigt die Umgebung nur gering und kann über Steine oder frei im Auffangbecken besser gesammelt werden (▲). Eine Umwälzpumpe im Becken sichert einen fortwährenden Wasserfluss.

Eine Inspiration für Wasserspiele im Garten sind die Platzbrunnen, neuartige interessante Anwendungen von Wasser, die wie hier auch teilweise für den privaten Bereich übertragbar sind (◄). Durch solch eine Wasserwand konnte eine nüchterne Brandmauer in einen aufregenden Blickfang verwandelt werden.

Eine Wasserstufe als Verbindung von einer Ebene zur anderen ist nicht nur eine optische Bereicherung, sondern liefert die für die Pflanzen lebensnotwendige Zufuhr von Sauerstoff (▶).

Besinnlich und beruhigend:
ein Wasserfall
auf fernöstliche Art

Beim Umgang mit Wasser im Garten ist nicht die Menge, sondern wie es eingesetzt wird, ausschlaggebend. Ein einzeln herabfallender Wasserstrahl, nicht stärker als der aus einem Gartenschlauch, kann die Basis für eine Inszenierung sein, in der das Auge, das Gehör und das Gespür geweckt werden. Dabei liegt der Erfolg im Detail, eine Vereinfachung und eine Reduzierung von Gegenständen, sodass jede einzelne Komponente eine Rolle im Gesamtbild spielt. Gerade bei Brunnen muss die Skala der Geräusche bedacht werden. Der Klang hängt von der Menge und Geschwindigkeit des Fallwassers und vom Material des auffangenden Gegenstandes ab: eine Wasserfläche erzeugt einen anderen Ton als Metall oder Stein. Hier fällt der Strahl auf Muscheln und Kiesel, spritzt und tröpfelt weiter ins Wasserbecken (▲).

Wasser betont die Farbgebung und Form (◄), setzt das zarte Farbspiel in Bewegung und verdeutlicht die unterschiedlichen Strukturen.

Die ruhige, kontemplative Ausstrahlung wird durch das Dreiecksverhältnis Wasser – Stein – Statue unterstrichen, ein Kreislauf, der die fernöstlichen Wurzeln verdeutlicht (►).

Wenige Brunnenarten lassen sich inmitten von Bepflanzung stellen: Hier ragt ein konischer Stein, wie aus dem Erdreich herausgepresst, aus den weichen Konturen der Pflanzung.

Sprudelsteine

Von allen Brunnenarten ist der Sprudelstein am häufigsten im Garten zu finden, einzeln oder in Gruppen gestellt sind die Variationen unzählig. In Anlehnung an den natürlich vorkommenden Quellstein steht primär der Naturstein und nicht das Wasser im Vordergrund. Das Wasser ist eine Begleitung für den Stein, ein Mittel, seine Schönheit zu verdeutlichen und zu schmücken. Ausgesprochen exotische Steine sind ungeeignet, nur harte, frostsichere Gesteine, darunter Granit, Nagelfluh und manche harte Sandsteine, Muschelkalk und Basalt kommen in Frage.

Diamant-Bohrung in den Steinquader oder in die Findlinge, abgestimmt auf die Größe der einzubauenden Leitung und Düse, wird entweder direkt im Steinbruch oder im Werkhof des Steinmetzen vorgenommen (▲).

Hohe Fontänenstrahlen sind für solche Brunnenformen unpassend, denn das quellende Wasser ist besser auf einem Minimum zu halten (◄). In diesem Fall sind Düsen mit niedriger Schaumsprudelwirkung eher geeignet.

Steinkugeln sind schmückende Akzente für jeden Garten, hier ein rötliches Rhyolith-Gestein, überzogen mit einem Wasserfilm aus einer zarten Sprudeldüse (▶).

Steine mit Charakter

Ein Naturstein für eine Quellinszenierung sollte mit besonderer Sorgfalt ausgesucht werden, denn nicht nur die Gesteinsart, seine Struktur und seine Farbe, sondern seine Gestalt, ersichtliche Spaltkanten oder Bearbeitungsspuren gehören von allen Seiten begutachtet. Gefordert sind Steine mit Charakter, die durch die Beigabe von Wasser eine weitere strukturelle Dimension erhalten. In Gruppen gestellt, zählt der Abstand zueinander, die Spannung zwischen den Steinen und der Höhenstaffelung (▲). Das Wasser sollte im idealen Fall nach außen langsam den Stein heruntertropfen, der Kontrast zwischen Feucht und Trocken verdeutlicht die Plastizität.

Niedrige Kompositionen leben von Details, den Dellen im Stein, wo sich Wasser sammelt, bevor es sich langsam und beinahe geräuschlos auf den Weg macht (◄). Die Technik liegt verborgen, die Umwälzpumpe und das Rückhaltebecken sind unterirdisch versteckt.

Der Übergang vom Brunnenstein zum Boden ist hier beispielhaft gestaltet: ein wie zufälliges Anhäufen von Steinen, begleitet von Farnen, Gräsern und Schattenstauden (►).

Nur bei genauer Betrachtung fallen die Sprudelsteine auf der linken Seite am Fuß der Mauer auf: Sie sind nicht nur ein zartes Wasserspiel in Blicknähe, sondern auch ein erfrischender Luftbefeuchter am Sitzplatz.

Brunnenbecken

Rund, oval, kleeblattförmig, sechs- oder achteckig, quadratisch, läng
von Beckenformen ist endlos. Innerhalb der Brunnenfamilie hat jede
in ihrem Ausmaß und ihrer Optik genau auf die spezifischen Anforde
ist: Auffangbecken für Fontänen, Wasserfälle, Kaskaden und Wand
brunnen, Vertiefungen der Sprudelsteine und kleine Zisternen.

Egal, ob das, was gerade vorhanden ist oder ein präzise bearbeiteter
Naturstein zum Einsatz kommt, alle müssen sie wasserdicht sein.
Gerade beim sichtbaren Becken ist die optische Erscheinung von
großer Bedeutung, sie gibt den Ton an und setzt die Stimmung.
Zwischen Material und Brunnenform besteht ein direkter Zusam-
menhang. Neben praktischen Gesichtspunkten wie der Verwendung
von frostsicherem Material (Keramikbehälter, weicher Naturstein,
auch Beckenverkleidungen aus Fliesen sind in Gegenden mit starkem
Frost zu vermeiden) und fachgerechtem Einbau spielt eine entschei-
dende Rolle, wie das Material eingesetzt und bearbeitet wird.
Die Beckengröße richtet sich nach dem Brunnentyp, dem zu fassen-
den Wasservolumen und bei Fontänen nach der Höhe des Wasser-
strahls. Die Faustregel besagt, dass die maximale Höhe der Fontäne,
gemessen von der Pumpe und nicht erst vom Wasserspiegel, den mi-

lich, erhöht oder versunken, die Liste
seinen idealen Partner; eine Form, die
rungen des Brunnentyps abgestimmt
brunnen, Sammelbecken für den Nutz-

nimalen Abstand zum Beckenrand ergibt. Ziel ist, das Fallwasser
auch bei starkem Wind im Becken aufzunehmen, um so den Wasser-
verlust zu minimieren. Es empfiehlt sich, auch aus gestalterischen
Gründen das Becken nicht zu knapp zu bemessen, denn die Wirkung einer mehrstrahligen Fontäne, eingefasst von einem Kranz stil-
len Wassers, kommt besser zum Tragen.
In vielen mechanisch betriebenen Brunnen ist das Becken gleichzei-
tig die Behausung für die Pumpe, in der Regel eine Umwälzpumpe,
die am Beckenboden umgeben von Wasser sitzt. 30 bis 60 cm Was-
sertiefe ist in den meisten Fällen ein guter Richtwert. Inzwischen
wurden Umwälzpumpen auch für ungünstige Tiefen entwickelt, ver-
sehen mit Schwimmdüsen und Ausgleichsplatten; um Unebenheiten
im Beckenboden auszugleichen, lassen sich Fontänen auch nach-
träglich installieren.

*Die Brunnenart be-
stimmt den Standort:
Daher ist dieses formale,
bodenebene Fontänen-
becken, eingefasst mit
Natursteinplatten, in
der Achse des Gartens
zu platzieren.*

Wasserbecken, Haus und Garten sind aus einem Guss. Das Becken ist ausreichend groß für Wasserspiele und Wasserpflanzen.

Beckeneinfassung und Begleitung

Im idealen Fall sollte das Brunnenbecken auch ohne Wasserspiel wirken. Sein Erfolg steht und fällt mit der gewählten Form und dem verwendeten Material. Beckenteile wie Boden und Wände sind nur teilweise sichtbar, die Einfassung dagegen steht voll im Rampenlicht. Hier zählen nicht nur das Material und die Bearbeitung, sondern auch die Anschlüsse und Übergänge zum Bodenbelag.

Die Beckenumrandung und das Pflaster befinden sich im Einklang, sogar das Format des Beckens spiegelt das längliche Rechteck des Großsteinpflasters (▲).

Große Natursteinplatten signalisieren hier den Übergang zum Becken (◄).

Zum Thema Pflanzen im Becken variieren die Meinungen: Für den Puristen sind Wasserfläche und Wasserspiele schmückend genug, für andere jedoch sind Wasserpflanzen ein Muss. Es ist mehr als nur eine Geschmacksfrage, Wasserpflanzen gedeihen nicht in stark bewegtem, aufgewühlten Wasser, sie bevorzugen ruhige Gewässer. Eine schöne und schmückende Alternative sind Topfpflanzen wie dieser *Agapanthus* postiert am Beckenrand (►). Wer Platz hat, kann einen Wassergarten anlegen und die Vorteile von formalem Becken und naturnahem Teich genießen.

Spiegelfläche
und Übergänge

Ein Wasserstrahl kann auch vorgetäuscht werden, die Erhöhung in der Beckenmitte gibt den Anschein von bewegtem Wasser (▲), unterstrichen durch die sich kräuselnde Erscheinung der schimmernden, kreisrunden Wasserfläche.

Ein auf den ersten Blick anscheinend randloses Becken, in dem die Übergänge nahtlos erfolgen (◄). Das Kleinsteinpflaster zieht sich über Rand und Beckenboden, ein dunkler Hintergrund, in dem das Verlegungsmuster durchschimmert. Die zarte Wellenbewegung belebt die Oberfläche, ihre geometrische Perfektion wird lediglich von eingebetteten Findlingen unterbrochen.

Obwohl der Wasserspiegel unterhalb der Pflasterkante gehalten ist, muss der Grund in unmittelbarer Nähe des Brunnens sickerfähig sein, um Spritzwasser und bei starkem Regen auch Überlaufwasser aufzunehmen (▶). Bei größeren Anlagen ist ein Gully vorzusehen. Auch bei niedrigem dezentem Wassersprudel hat der Brunnen eine besondere Qualität. Die Details sind bedacht: Der Wasserfilm im pflastersteinbreiten Überlauf ist wie eine Licht fangende Folie, die die Steine bedeckt; außerdem die Findlinge, wie Trittsteine oder Steinkissen, die zum genaueren Betrachten des Wassers locken.

Ein Brunnenbecken ist mehr als nur ein Wasserbehälter oder eine technische Notwendigkeit, es liefert den Rahmen und gibt die Stimmung im Garten vor.

Dank

Der Verlag und die Fotografen danken herzlich allen Gartenbesitzern. Planer, Entwerfer und Landschaftsarchitekten wurden – soweit uns bekannt – im Adressverzeichnis genannt. Sollten Urheber unbeabsichtigt ungenannt geblieben sein, bitten wir sie, sich an den Verlag zu wenden, damit wir sie bei der nächsten Auflage ebenfalls dankend erwähnen können.

Adressen

Architekturbüro Landschaft und Garten
Papenfuss, Rösner, Jochems
D-42699 Solingen
S. 56/57

Claudia Barthel, Keramikerin
93104 Sünching
S. 4

Fa. Basche
Kupferarbeiten
D-80995 München
S. 92/93

Eberhardt Bröckel,
Gartenarchitekt
D-33611 Bielefeld
S. 22/23

Eva und Ernst Burger, Architekten
D-85646 Purfing
S. 10/11

Dipl.-Ing. Christhard Ehrig
Landschaftsarchitekt BDLA
D-33689 Bielefeld
S. 16, 17, 38/39, 78, 90 u, 91

Michaele Ferk
Antike Brunnen
D-80538 München
S. 34 alle, 35

Thomas Fiedler
Garten-und Hofgestaltung
D-82272 Moorenweis
S. 21, 26 u, 27, 28

gARTen Stey+Theiss
Gartengestaltung und Ausführung
34134 Kassel
S. 74, 75

Garten- und Landschaftsbau
Christoph Göttke-Krogmann
D-49393 Lohne-Kroge
S. 73

Ursel Gut, Garten Design
D-28357 Bremen
S. 36, 37

Dorothea Haag
Garten- und Landschaftsarchitektin
D-30855 Langenhagen
S. 50, 51, 86/87

Fa. Ulrich Haake
Garten- und Landschaftsarchitekten
D-82216 Maisach
S. 69

Friedrich Hechelmann, Maler
D-88316 Isny
S. 45, 48 u

IPL Isterling und Partner
Landschaftsarchitekten BDLA
Gordon Evans, Prof. D. Junker
D-20149 Hamburg
S. 29

Fa. Kilian
Garten- und Landschaftsarchitekten
D-78073 Hochemmingen
S. 50o, 52 u, 66 u, 72 o, 78o

Fa. Stephan Kirchner
D-25899 Kleiseerkoog/Niebüll
Brunnen S. 36, 37

Koch + Koch
Garten- und Landschaftsarchitekten
D-82319 Starnberg
Titel, S. 1, 25, 48 o, 49, 54 u, 55, 60/61, 85, 92/93, 95

Dipl.-Designer Peter Krause
D-33739 Bielefeld
Brunnen S. 66 o

Peter Luther, Künstler
D-91468 Hagenbüchach
Brunnen S. 67

Oase
Wübker GmbH & Co KG
Postfach 20 69
D-48469 Hörstel

Björn Rannenberg, Steinmetz
D-30900 Wedemark
S. 81

Günter Rischkopf
Antikes Baumaterial
D-82319 Starnberg-Perchting
S. 9

Franziska Stefani, Keramikerin
D-85567 Grafing
S. 46/47

Johann Steininger
Steinmetzbetrieb
D-80637 München
S. 59, 64 alle, 65, 79

Walter Steinfelder
D-82067 Ebenhausen
Brunnen S. 14 u

Herwig Thol, Landschaftsarchitekt
D-34119 Kassel
S.82/83, 80 unten, 88 oben,

Christian Tobin, Bildhauer
D-86911 Dießen
S. 62, 63

Fa. Udingshof
Garten-und Landschaftsarchitekten
D-32120 Hiddenhausen
S. 80 o

Webpages
www.arcadiangf.co.uk
www.c-tobin.de
www. airweather sculpture.com
www.haddonstone.co.uk
www.oase-pumpen.com
www.redwoodstone.com
www.schleitzer.de
aquaform@t-online.de

Bildnachweis

Christa Brand
Titel, 2/3, 4, 7, 9, 10/11, 13, 14 alle, 15, 18/19, 21, 25, 26 alle, 27, 28, 31, 32/33, 34 alle, 35, 40 alle, 43, 45, 46/47, 48 alle, 49, 50 o, 52 alle, 53, 54 alle, 55, 59, 60/61, 62 alle, 63, 64 alle, 65, 66 alle, 67, 69, 70/71, 72 alle, 78 o, 79, 85, 92/93, 94, 95

Nik Barlo jr.
Titel hinten, 1, 16 alle, 17, 20 alle, 22/23, 29 alle, 36 alle, 37, 38/39, 41, 50 u, 51, 56/57, 73, 74 alle, 75, 76/77, 78 u, 80 alle, 81, 82/83, 86/87, 88 alle, 89, 90 alle, 91

Literaturnachweis

Dorcas Adkins, *Simple Fountains for indoors and outdoors*, Tunbridge Wells 2000
Anthony Archer-Wills, *Die Kraft des Wassers*, Berlin 1999
Anthony Archer-Wills, *The Water Gardener*, London 2000
Zita Bauch-Troschke, *Brunnen, Wasserbecken und Wasserspiele*, München 1999
Albert Baur, *Brunnen, Quellen des Lebens und der Freude*, München 1989
Otto Bistritzki, *Brunnen in München*, München 1980
Alexandre le Blond, *Die Gärtnerey*, 1731, Neudruck München 1986

Francesca Greenoak, *Reizvolle Wasserelemente im Garten*, München 1997
Peter Hagen, *Teichbau und Teichtechnik*, Stuttgart 1995
Heidi Howcroft/Gudrun Lehneis, *Neue Ideen für schattige Gärten*, München 2000
Sunset Garden Pools, Menlo Park, USA, 1985
Roland Thomas, *Brunnen im Garten*, München 1993
Time-Life Books, *Stein- und Wassergärten*, München 1980
The Oxford Companion to Gardens, Oxford 1986

Impressum

© 2001 Verlag Georg D.W. Callwey GmbH & Co.,
Streitfeldstraße 35, 81673 München
http://www.callwey.de
e-mail: buch@callwey.de

Die Deutsche Bibliothek – CIP-Einheitsaufnahme
Ein Titeldatensatz für diese Publikation ist bei
Der Deutschen Bibliothek erhältlich.

ISBN 3-7667-1458-9

Das Werk einschließlich aller seiner Teile ist urheberrechtlich geschützt. Jede Verwertung außerhalb der engen Grenzen des Urheberrechtsgesetzes ist ohne schriftliche Zustimmung des Verlages unzulässig und strafbar. Das gilt insbesondere für Vervielfältigungen, Übersetzungen, Mikroverfilmungen und die Einspeicherung und Verarbeitung in elektronischen Systemen.

Litho, Druck und Bindung: Fotolito Longo, Bozen
Printed in Italy 2001

CALLWEY

Für die Zukunft gestalten.

Für das schönere Leben im Garten!

Zeitlose Paradiese, die auf uralte Gartentraditionen zurückblicken können! Gisela Keil zeigt wunderschöne Bauerngärten und erläutert ihre Gestaltung. So kann sich jeder Pflanzenfreund seinen Traum vom Landleben erfüllen – unabhängig von der Gartengröße!

Gisela Keil/Christa Brand/Gisela Caspersen
Stimmungsvolle Bauerngärten
96 Seiten, 100 Abbildungen. Gebunden.
ISBN 3-7667-1459-7

Es wird Frühling! Dieses Buch präsentiert die ganze Pracht, die ein gekonnt angelegter und bepflanzter Garten bereits im Februar entfalten kann. Es stellt die verschiedensten Möglichkeiten der Gestaltung vor und verrät alles über die Frühjahrsblüher.

Ursula Barth/Christa Brand/Gisela Caspersen
Frühlingsgärten
96 Seiten, 100 Abbildungen. Gebunden.
ISBN 3-7667-1460-0